La muerte de Dinero

*La Guía del Prepper Para Sobrevivir
colapso económico, la pérdida de activos
de papel y cómo prepararse cuando el
dinero es sin valor*

Por Jim Jackson

Renuncia

Este libro pretende ser una guía general, para crear conciencia y ayudar a las personas a tomar decisiones informadas en el contexto de su propia circunstancia personal. El autor no asume ninguna responsabilidad por cualquier pérdida o daño ya sea personal o financiera, como consecuencia del uso o mal uso de la información de este libro. Si usted tiene alguna duda o inquietud después de leer este libro, por favor hable con una persona calificada antes de tomar cualquier acción.

Tabla de contenidos

Introducción

Conclusión

Introducción

La economía ha experimentado inestabilidad varias veces en el pasado. De hecho, si nos fijamos en la historia económica, el Reino Unido ha experimentado al menos diez recesiones que han afectado al país en gran medida. Si usted piensa que una crisis económica es un acontecimiento único y hecho-, es decir, los efectos no serán experimentados ahora porque la crisis fue superada hace años, se equivoca. Si usted observa el patrón de la estabilidad económica del pasado hasta hoy, usted podrá observar signos de caída económica, con sus semillas sembradas y plantaron profundamente en nuestro país de las edades antes. Si las proyecciones económicas actuales son correctas, entonces el escenario ya se ha fijado para un colapso económico.

Si es así, este colapso es inevitable y si dices que la situación económica del país no es un problema importante para usted y usted depende de los líderes del gobierno para resolver el problema, puede estar equivocado. No se puede confiar ciegamente en los líderes del país, sobre todo cuando es posible que no saben exactamente lo que están haciendo y pueden no ser capaces de resolver el problema. Usted no puede sentarse, no hacer nada y esperar a los demás para encontrar las respuestas.

En esta situación, lo mejor es ser proactivo. Aunque no se puede detener el colapso económico, puede amortiguar usted y su familia de sus efectos. Una forma de hacerlo es mediante la realización de todos los preparativos necesarios. No se trata sólo de preparar para lo peor y la práctica de la independencia del sistema, se trata de la elección de su propio destino, porque la economía está en ruinas profundas.

Para los que quieren saber cómo prepararse para el próximo colapso financiero, este libro es perfecto para usted. Desde el primer paso en la preparación de esta catástrofe es entender lo que se está preparando para, usted aprenderá acerca de cómo funciona el sistema financiero y por qué es vulnerable al colapso en el capítulo 1. A continuación, los datos históricos de otros países será dar luz a lo que puede esperar cuando su dinero pierde su valor. Esto se discutirá en el capítulo 2.

Para empezar, Capítulo 3 le ayudará a conseguir estar listos en un mundo donde el dinero es de poco valor mediante la enseñanza de las cosas que usted necesita para prepararse para, las habilidades que necesita para adquirir, y el conocimiento sobre la forma de fortalecer la posición actual que . Capítulo 4 también le prepararse para una futura economía-free cash probable.

Por lo tanto, me gustaría felicitarle por descargar este libro. Al final de esta lectura, usted habrá adquirido la información sobre cómo debe prepararse para una próxima crisis. Así que empieza a leer y convertirse en la persona informada y preparada que quieres ser.

Gracias y disfruta!

Capítulo 1

Las posibles causas del colapso financiero

Conocer las posibles causas del colapso económico es útil para entender la gravedad de su impacto y que también le dan razones adicionales por las que la preparación es fundamental. El colapso económico es un fenómeno en el que hay un colapso total de la economía nacional, lo que puede dar lugar a la inquietud de los ciudadanos y producir niveles muy altos de ansiedad en la población. A continuación, usted encontrará las posibles causas de este colapso financiero. Aunque cada una de estas razones exclusivamente puede causar este desglose, la mayoría del tiempo que co-ocurren y una de las causas puede ser la raíz de otra causa, llevando eventualmente a la caída. En resumen, los siguientes casos están relacionados entre sí y tienen una relación causal. Usted descubrirá por qué mientras lee.

Las causas del colapso financiero

I. Mayor Caída de la bolsa

Antes de profundizar en lo que debe hacer cuando el mercado falla, primero se explicarán los mecanismos del mercado. El mercado es un medio por el cual se produce un intercambio de bienes y servicios como resultado de la transacción de los compradores y vendedores. Lo que se produce, cuánto de ella es producida y el precio de un producto en un mercado es una función de la ley de la oferta y la demanda. Esto significa que cuando un producto está en la demanda, los productores quieren hacer más de lo mismo y por lo que su precio se incrementará. Por otro lado, si los consumidores pierden su interés en el Producto A, el suministro será más que la demanda. Esto creará un superávit (exceso de mercancías), lo que hará que el precio baje.

El mercado de valores es similar al mercado se discutió anteriormente, a pesar de que sólo tiene un producto específico - acciones o participaciones. Estos dos términos son esencialmente los mismos y se refieren a una parte de la propiedad de la empresa. Si usted tiene un porcentaje de acciones de una empresa, usted tendrá derecho al mismo porcentaje de los activos y los ingresos de la compañía.

A raíz de la ley de la oferta y la demanda, si las acciones de una empresa parecen prometedores, sus precios se establecerán alto y la gente va a competir para comprar estas poblaciones. Cuando la empresa se ve inestable, la gente va a competir para vender sus acciones al mejor postor, incluso si esto significa vender a un precio inferior a su precio de compra inicial.

Si usted no es un inversionista en el mercado de valores o no toma parte en las actividades del mercado de valores, entonces usted está probablemente muriendo para saltarse esta parte. Sin embargo, usted necesita saber que los mercados de valores tienen un impacto importante en la economía y su impacto llegará a ti no importa cómo inmunológico te crees que eres.

Cuando las cosas pintan bien para una empresa y parece que tiene un potencial de crecimiento, los inversores puesto tanto la demanda en las poblaciones que van a impulsar el precio de la acción superior. A veces, el precio se incrementará tanto que excede el valor real de la empresa, que puede crear una "burbuja". El precio seguirá aumentando más allá de su valor real y ya que no se basa en nada sustancial, que "burbuja" eventualmente pop. Cuando esa "burbuja" aparece, es una mala noticia. Lo que pasa es que los inversores estarán pánico de venta, es decir, van a tratar de salir de la empresa tan pronto como les sea posible mediante la venta de sus acciones.

Venta de pánico es la causa más común de un colapso financiero y que se basa principalmente en el miedo. Los inversores se olvide de evaluar la situación de manera objetiva, por lo que van a vender a cualquier precio para evitar más pérdidas. Aún más perjudicial es que la venta de pánico tiene una espiral afecta, y esa espiral es más probable que baje. Cuando los inversores ven que otros están vendiendo sus existencias y los precios fluctúan rápidamente, interpretan esto como una señal para salir de los negocios. A medida que más y más inversionistas venden sus acciones, más bajo es el precio de las acciones se convierten y se caerá. Esta fluctuación de los precios de las acciones resulta en un colapso financiero.

II. La inflación Hyper

Si usted piensa que la hiperinflación es la inflación elevada hasta cierto punto, entonces usted está absolutamente equivocado. La inflación es un fenómeno en el que los precios de los productos suben, mientras que el poder adquisitivo de sus dólares a disminuir porque hay un aumento de la oferta monetaria. La tasa de inflación será la tasa en que el precio de los bienes se eleva en un mercado determinado.

Hiperinflación, por otro lado, es mucho más drástica que la inflación. En este caso, el valor de su dólar disminuye tan rápidamente que no significará nada en sólo cuestión de días o meses. Generalmente hay dos precedentes de la hiperinflación.

- **Aumento de la oferta de dinero.** Como usted ya sabe, las monedas que estamos usando en este momento no son más que papel. No se basa en ninguna de oro u otra sustancia con verdadero valor. Así que, básicamente, el gobierno puede imprimir todo el dinero que quiera. Cuando se elimina en la economía, el dinero crujiente recién impreso diluye el valor de la ya existente dinero. Reiterando el punto de la ley de la oferta y la demanda, más el suministro de un bien o servicio, menor será su precio o valor será.

- **La pérdida de la fe en la moneda.** Para que se produzca la hiperinflación no debe haber incertidumbre del valor de la moneda. Esto es cuando la gente empieza a negociar su dinero en efectivo para las cosas con la utilidad real y el valor, dicen oro y metales preciosos. La gente trata de deshacerse del papel moneda porque la moneda se convierte en algo que a nadie le interesa más.

Si se presenta uno o ambos de estos dos, lo que sucede después es que los vendedores establecer el precio de los bienes útiles vergonzosamente altas para desalentar a los consumidores de comprar y dar vuelta a la basura. ¿Por qué las empresas venden hoy en día cuando la moneda que recibirán será vale nada?

La distinción entre la inflación y la hiperinflación debe ser más claro ahora. Ahora ya sabe qué miedo hiperinflación puede ser. Lo que es más aterrador es que le puede pasar a nosotros y es una nube ominosa oscuridad se cierne sobre nuestras cabezas.

I. La deflación

La deflación es lo contrario de la inflación. Se define como la contracción de la oferta total de dinero y el crédito, lo que resulta en una disminución en el precio de los productos y materias primas. Las causas de la deflación son los siguientes.

- **Los consumidores no tienen la liquidez para el consumo de combustible.** Cuando las personas tienen un presupuesto estricto, digamos por ejemplo, su salario o sueldo es inmutable; van a tratar de reducir sus gastos. Esto hará que se consumen menos y ahorrar más.

- **Crédito más estricta.** Si los bancos y otras compañías de préstamos hacen cumplir normas más estrictas de crédito, esto puede dar lugar a solicitudes de crédito más duras y las tasas de interés más altas. Esto hará que la gente para disminuir sus compras, ya que implicará intereses superiores.

- La demanda no está al día con la oferta. Gracias a la tecnología, las fábricas están produciendo a su nivel máximo para poner los bienes en el mercado. Pero, ya que los consumidores han reducido sus gastos y el crédito no está disponible, estos bienes van resultante sin vender en el exceso de capacidad global. Para evitar la pérdida de estos bienes, los vendedores disminuyen su precio de venta al invitar a clientes para comprar más.

Se podría pensar que los precios van abajo son algo bueno, pero eso no es el caso. Si en el momento de los precios de producción siguen siendo elevadas, pero en cuando el producto se vende a los precios son más baratos, las empresas experimentarán una pérdida. Con el fin de recuperar, tendrían que dejar de contratar, despedir a los trabajadores y evitar costes adicionales. Ellos no tienen que producir mucho de todos modos. Esto hará que la tasa de desempleo se eleve. Además, cuando las personas son conscientes de la tendencia actual en la economía donde hay deflación constante, son más propensos a posponer la compra hasta el día siguiente pensando que los precios serán más baratos. Estas acciones pueden conducir a la espiral descendente de la economía.

II. Desastres Naturales

Los desastres naturales no sólo dañan casas y el medio

ambiente, pero también pueden dañar la economía y provocar un colapso financiero. A continuación se enumeran varios efectos que los desastres naturales como huracanes, tornados y terremotos pueden tener en la economía.

- **Caída de la bolsa.** Los desastres naturales pueden ser un indicio de la pérdida de negocio o un mal negocio. Esto hace que los inversores a vender sus existencias y comenzar un efecto en espiral, haciendo que otros inversores a vender sus acciones también. Esto, como usted ya sabe, los resultados para el pánico de venta y el descenso en el precio de las acciones. Los efectos nocivos de la venta de pánico, que puede ser causada por los desastres naturales, pueden causar una caída del mercado.

- **Aumento en el precio de los productos básicos.** Los desastres naturales también pueden dar lugar a la disminución de la oferta de las materias primas como los cultivos se lavan y las empresas de fabricación están cerrados. Esto puede resultar en un aumento general de los precios de los productos básicos y la inflación.

- **El gobierno tiene que soltar el dinero en la economía.** Como es el deber del gobierno para reforzar y ayudar a la gente, van a liberar dinero a la economía. Ello permitiría disponer de dinero para la construcción de materiales, primeros auxilios y alimentos para el pueblo. La gente con mucho gusto aceptar la ayuda financiera a conocer por el gobierno para ayudar a recuperarse de la calamidad sin conocer las repercusiones de la afluencia de dinero en la economía. Mientras la asistencia financiera no va por la borda, la economía tendrá la oportunidad de recuperarse a tiempo.

Sobre la base de los efectos mencionados anteriormente, los desastres naturales pueden ser seguidos por la inflación, hiperinflación y la caída de la bolsa, a continuación, en consecuencia, un colapso financiero. Aunque la economía puede accidente sin la ayuda de los desastres naturales, los desastres pueden, sin embargo, actúan como combustible para el colapso. Es terrible saber que podríamos estar esperando más desastres naturales a golpearnos ahora. El mundo está experimentando tormentas más intensas ya que el clima está cambiando rápidamente. Los terremotos se hacen más frecuentes a medida que corre el agua tablas se secan. Estamos al borde de la crisis ambiental y cuando estos desastres naturales nos golpean, colapso financiero es seguro seguir.

Capitulo 2

Lo que puede esperar si su dinero pierde su valor

Cuando el tiempo de colapso económico llega finalmente, cada economía y cada país está en riesgo porque todos tienen un sistema monetario que utiliza las monedas fiduciarias. Ellos no son más que papel con impresiones de números, y el oro o cualquier otra sustancia del valor real no retroceda hacia arriba. Desde su nacimiento en China de hace cientos de años, la inflación y la depreciación de valor ya forman parte de sus características. En el caso de un colapso económico, especialmente uno que es provocada por la hiperinflación, el papel moneda seguramente se reducirá a lo que realmente es, que es sólo papel sin valor real. Para una imagen concreta de lo que puede esperar cuando el dinero pierde su valor, enumerados aquí son algunos países que ya lo han experimentado y los acontecimientos, que los llevaron a experimentarlo.

La precedentes históricos

Usted ya ha aprendido que imprimir demasiado dinero es la causa número uno de que pierda su valor. Pero, ¿por qué los gobiernos sienten la necesidad de imprimir más dinero? Sobre la base de los datos de los países que experimentaron hiperinflación, hay dos razones por las cuales los gobiernos sobreimpresión dinero: la guerra y el colapso de la producción.

Las guerras son extremadamente costosos. No sólo cuesta vidas, pero el dinero de la gente también, porque el fin de ganar, el gobierno tiene que prever un ejército, adquirir armamento, y construir un arsenal. Un colapso en la producción, por el contrario, puede dar lugar a la hiperinflación, ya que sólo hay un poco de la oferta y una gran demanda de bienes y servicios. Cuando hay escasez de alimentos, por ejemplo, los proveedores aumentan el precio de los alimentos y los peg extremadamente alta. El gobierno, tomando intervención, lanzará dinero en la economía haciendo que el valor fluctúe. Enumerados a continuación son los países cuya economía fue devastada a causa de las guerras y la disminución de la producción.

- **Alemania.** Alemania tuvo que abandonar su patrón oro y imprimir más moneda para financiar la guerra durante la Primera Guerra Mundial. Pero entonces, Alemania perdió y tuvo que  pagar reparaciones a varios países como Francia y Bélgica. Francia y los demás países han exigido de ellos un total de 132 mil millones de marcos de oro (más de 52 mil millones de libras de hoy en día). Con sus fábricas en la ruina y la capacidad de producción redujeron significativamente, no había manera de que el país podría pagar su deuda. Así que el banco central de Alemania, Reichsbank, emitió gran cantidad de marcas y más fue más allá de su estándar de oro. Su explosión monetaria y la pérdida de fe en la moneda como resultado de la hiperinflación severa en 1922.

Tenían una inflación del 322% mensual. Para ser exactos, el precio de los productos básicos se duplicó cada 3,7 días.

- **Bosnia-Herzegovina.** Cuando el país se independizó de Yugoslavia en 1992, una guerra civil estalló entre sus tres  divisiones culturales saber, serbios, bosnios y croatas. Su sangrienta guerra civil ha perturbado y desplazado la mayor parte de su población y su economía bajó en ruinas. Su moneda, el dinar bosnio, era muy inestable y se sumergió en el valor. En 1992, la denominación más alta era 1.000 dinares, que se convirtieron en 100 millones de dinares en 1993.

- **Hungría.** Una hiperinflación más grande ocurrió en Hungría después de la Segunda Guerra Mundial. Debido a la destrucción de los recursos de la guerra, el precio de los bienes se hizo más alto que antes, así que el gobierno aumentó el suministro de dinero para la gente a no morir de hambre. En consecuencia, a partir de agosto 1945 a  julio 1946, los precios de los bienes crecieron a un ritmo sorprendente de 19.000% por mes. Incluso se llegó a un punto donde los precios se triplicaron cada día en julio de 1946.

- **Zimbabwe.** De 2004 a 2009, Zimbabwe experimentó hiperinflación. Esto se debió a su gobierno imprimir demasiado dinero para financiar la  guerra en el Congo. Por otra parte, la hiperinflación se intensificó por la sequía y la granja de la confiscación, que limitó su suministro de alimentos. Esto resultó en una hiperinflación, incluso peor que la de Alemania, sus precios se duplicaron cada 24 horas!

Así que, cuando el dinero pierde su valor, se puede esperar que no habrá nada lo suficientemente barato para comprar con él. A medida que estos países han experimentado anteriormente, lo único que puede hacer para salir de esa situación es adoptar una nueva moneda, pero la historia siempre se repite, y cualquier moneda nueva no va a ser una excepción a la espiral descendente natural de su valor.

Capítulo 3

Vivir en el mundo donde el dinero es de poco valor

El dinero es algo que se ha utilizado durante mucho tiempo para hacer la vida más fácil y transacciones coherente. Sin embargo, ya que la inflación y el valor de depreciación ya forman parte de sus características, podemos esperar que su valor se reduce a nada. Cuando eso sucede, incluso si usted tiene un montón de dinero, un viaje a la tienda de comestibles será inútil porque incluso una bolsa llena de dinero en efectivo no será digno de una sola pieza de goma más y si usted piensa que esto es todo lo que hay en un colapso económico, pensar mucho más. Los que tienen recursos como los alimentos, la tierra y el agua va a acaparar ellos, crímenes serán rampante, la gente va a luchar para mantenerse a sí mismos ya sus seres queridos, y si usted no sabe cómo cuidar de sí mismo y su familia, lo más propensos a sufrir de hambre, peligro, el dolor, el miedo, y espero que no, la muerte.

En ese caso, ¿cómo se puede sobrevivir? Para tener alguna posibilidad de supervivencia, se especifica a continuación son los consejos sobre la manera de fortalecer su posición actual, las habilidades que necesita para adquirir, y las cosas que hay que acumular para prepararse para el futuro.

El fortalecimiento de su posición

El hecho de que el mundo es un campo de batalla se consolidó cuando el colapso económico viene a través.

Hemos estado en competencia unos con otros desde la infancia, incluso sin cosas como las tasas de inflación y los precios nos molesten. Cuando nos enfrentamos a un colapso de la economía, estas competiciones se intensificarán aún más. La única manera de no perderemos la batalla es mediante el fortalecimiento de nuestra posición actual de la siguiente manera.

- **Sea indispensable para la empresa que está trabajando.** Una crisis económica, por muy leve, puede implicar despidos masivos. Seguramente usted es consciente de veces en que un número de personas que se quedó sin trabajo ya que la empresa que estaban trabajando para se vieron obligados a cerrar o poner en práctica los despidos masivos para reducir costos. Si alguien o una empresa que emplea actualmente, entonces usted está en riesgo de ser despedidos. Usted puede evitar esto por ser un activo indispensable para su empresa, no importa lo que la naturaleza del negocio. Haz tu mejor esfuerzo en su trabajo, demostrar su valía a su empresa, hacer todo lo posible en todos los sentidos ética posible aferrarse a su posición. Aún mejor, trabajar por cuenta propia. Con esto, usted no tendrá que preocuparse por un jefe o ser despedidos.

- **Iniciar un jardín.** Nuestras reservas mundiales de alimentos están en su nivel más bajo y las condiciones climáticas cambiantes ciertamente no están ayudando. Los hechos son, usted debe tener su propio acceso a la alimentación. Al iniciar su propio jardín ahora, no va a hacer que usted tan dependientes en el sistema, y

16

cuando llega lo inevitable, usted no tendrá que competir por el suministro de alimentos limitada que siete mil millones de personas también estarán luchando para.

- **Gane amigos.** Aunque los amigos que ganan de hecho le dará más bocas que alimentar, también tendrá más manos para que alimentar. En otras palabras, ganando amigos puede convertirse en un activo. Aparte del apoyo social que ofrecerán en los momentos difíciles, se puede negociar con ellos para ayudar a todos ustedes sobreviven.

- **Invertir de forma segura.** Si alguna vez usted se encontrará con el dinero extra y está pensando en invertir en el mercado de valores, la forma más segura de proceder es mediante la inversión en una empresa que ya está establecido y tiene un historial probado. La regla es que usted debe comprar barato y vender caro. Es posible que no conseguir su regreso tan pronto como usted quiere, pero que va a obtener algo. Es mucho más arriesgado invertir en el "qué hay" en este momento, porque lo más probable es, la mayoría de la gente está invirtiendo en él y va a costar más de lo que es realmente vale la pena y cuando su "burbuja" aparece, todo el dinero que usted invirtió irá ¡por el desagüe!

Las habilidades que necesita para aprender

Básicamente, las cosas enumeradas a continuación son las habilidades que necesita para adquirir de manera que pueda ser independiente del sistema. Al ser independiente del sistema no significa que usted no debe confiar en el gobierno; esto significa que usted debería ser capaz de sobrevivir por su cuenta sin el sistema. He aquí cómo usted puede hacer lo siguiente:

- **Habilidades de jardinería.** El aprendizaje de esta habilidad es importante por razones que seguramente ya conoce. Cuando las tiendas de comestibles y supermercados cierran, las únicas personas que tendrán algo para comer durante un período sostenido de tiempo son los agricultores y jardineros. Los propietarios de tiendas de comestibles pueden de hecho tener abundancia de suministros de alimentos durante unos meses pero no van a durar y propietarios no podrán reponer sus reservas. Muy pronto, los frascos de mantequilla de maní o carne enlatada expirarán, dejándolos sin nada que comer. Por lo tanto, debe ser un asunto de todos para crecer su propia comida. Comience ahora mismo mediante la plantación de algunas verduras y árboles frutales en su patio trasero. También, incluya hierbas y otras plantas medicinales. Hay muchos libros disponibles para guiarle en cómo hacer crecer su propio jardín, incluso si usted no tiene un pulgar verde. Una cosa importante para recordar, usted debe mantener su Prepping a sí mismo oa la gente sabrá quién acudir cuando no tienen nada que comer. Aunque ración es bueno, debe colocar la seguridad de su familia en primer lugar.

- **Autodefensa.** Si usted ha visto documentales sobre la crisis económica, entonces usted probablemente ha notado que la delincuencia y disturbios aumentar dramáticamente y empeorar en aquellos tiempos, y cuando la verdadera economía se derrumba, más disturbios y la violencia seguramente surgirán. Habrá disturbios en las principales ciudades y habrá saqueadores en todas partes. Si usted tiene bienes de valor incalculable, como el combustible y los alimentos y todo el mundo en su comunidad lo sabe, entonces se convertirá en un imán para los ladrones. Si es así, usted debe saber cómo defenderse, su familia y su propiedad para entonces. Puedes empezar por aprender a usar un arma de fuego y la práctica de combate mano a mano.

- **Primeros auxilios.** Los médicos aún pueden estar en el negocio durante un colapso financiero. El problema será cómo se puede pagar ellos, ya que ya no estarán aceptando dinero en efectivo. Usted trueque recursos por sus servicios, seguro, pero todavía sería mejor tener un médico en su familia, o alguien que conoce la medicina. Pero la habilidad más básica que usted y todos en su familia debe tener es de primeros auxilios. Es una habilidad tan invaluable en su vida diaria y lo hará más durante un colapso económico. Esta habilidad es muy útil en situaciones de emergencia y podría significar la diferencia entre la vida y la muerte. También es necesario familiarizarse sobre los medicamentos apropiados para enfermedades comunes. Usted no tiene que ser un médico para aprender esta habilidad. Usted sólo puede inscribirse en un curso de primeros auxilios y aprender acerca de los medicamentos que pueda necesitar. Para complementar su conocimiento, los libros de primeros auxilios será muy útil para usted, también.

- **En cuanto lo que sabe en un negocio.** Es mejor trabajar por cuenta propia. Usted no debe depender tanto de la compañía está trabajando para que cuando ocurra un colapso económico, hay una gran posibilidad de que se limpie a salir con él. Así que sería mejor empezar un pequeño negocio. Por ejemplo, si usted sabe cómo hornear o cocinar, ¿por qué no empiezas como un negocio en línea lado? Puede hornear bizcochos y los venden a sus colegas en el trabajo, de esa manera, usted gana dinero extra. Cuando el tiempo lo que más miedo llega y la gente empieza a buscar por todas partes para comer algo, usted puede intercambiar sus productos de panadería con otros valiosos recursos también.

Lo que usted necesita para almacenar

No sabemos exactamente cuando la economía se derrumba, pero una cosa es segura - su condición está empeorando a medida que pasan los años y no está mostrando un signo de recuperación. Cuando llega el día en que todo lo que hemos conocido por ser parte esencial de nuestras vidas están cerrando, cuando abarrotes, supermercados, tiendas y centros comerciales son uno por uno se apague, ¿cómo va a sobrevivir? Aquí están algunas cosas que hay que conseguir y empezar a añadir a su arsenal para que usted tenga la oportunidad más grande de la supervivencia.

- **Agua**. Es un hecho básico de que aproximadamente el

65% del cuerpo humano está compuesto de agua y no hay manera de que su cuerpo puede generar su propia agua. Esto significa que usted necesita para mantenerse hidratado si va a sobrevivir. Nadie puede durar mucho tiempo sin agua, por lo que este debe ser parte de su suministro de emergencia. Se sugiere mantener al menos cuatro contenedores de agua de 5 galones en su hogar y llenarlo con agua potable para ayudar a durar bastante tiempo hasta que te orientas. También, idear un plan que le ayudará a adquirir agua potable más limpia cuando ocurre un desastre. Usted puede hacer esto mediante la preparación de tabletas de purificación de agua y botellas de agua con filtro. Con éstos, el agua en los arroyos será tan bueno como el agua potable que usted está acostumbrado.

- **Alimentos.** Esto va de la mano con agua. Usted necesita gran parte de los alimentos almacenados con el fin de funcionar correctamente, y así sobrevivir. Tener un jardín no es suficiente. Usted debe asegurarse de almacenar alimentos, la elección de los que tienen útil larga vive como el arroz blanco, conservados o frutas y verduras enlatadas, carne enlatada, harina, frijoles mezclados, aceite de oliva congelado, barras nutritivas y mantequilla de maní con la fecha de caducidad de al menos dos años, el más largo es el mejor. Usted puede agregar los alimentos de su elección, junto con estas sugerencias. Sólo asegúrese de que sus suministros de alimentos son suficientes para usted y su familia apoyar por lo menos durante seis meses o más.

- **Metales preciosos.** Cuando el valor de su papel moneda muere, los metales preciosos como el oro y la plata todavía pueden tener valor. El oro y la plata son excelentes artículos comerciales y pueden trabajar incluso durante una crisis financiera, por lo que es imprescindible que usted tiene algunos de estos metales preciosos almacenados en seguro en caso de que su secreto hay que cambiarlos por algo que pueda necesitar.

- **Las fuentes alternativas de energía.** En caso de que la red eléctrica bajar, es necesario idear un plan para obtener electricidad sin ser muy dependientes de la compañía eléctrica. Pueden pasar días o semanas de la red eléctrica para ser funcional de nuevo o que ya no esté en el negocio en absoluto. Así que usted debe comenzar a preparar las cosas como alternativa se puede utilizar cuando esto sucede. Los paneles solares, baterías recargables y cargadores solares deben ser parte de su arsenal. También incluya partidos, aceite para lámparas, leña y similares para que usted pueda usar algo para cocinar. Por último, no olvide linternas y pilas de repuesto para cada miembro de la familia.

- **Botiquín de primeros auxilios.** Usted debe ser capaz de atender por sí mismo ya su familia en situaciones de emergencia médica, y un kit de primeros auxilios listo va a ser muy útil. Su botiquín de primeros auxilios debe contener vendas, alcohol, solución de povidona yodada, hisopos de algodón, pomadas, tijeras y similares. También debe incluir en su kit de primeros auxilios, medicamentos para enfermedades comunes como la gripe, la tos, los resfriados, dolores de cabeza, dolores de estómago, y etc Además, incluyen las vitaminas y minerales porque usted no puede permitirse el lujo de estar enferma y corre el riesgo de su salud en situaciones críticas como una crisis económica.

- **Ropa y suministro de higiene personal.** Estas son las cosas que la mayoría de las personas no toman en cuenta al preparar. Recuerde que su higiene afecta significativamente su salud, por lo que no te puedes perder tus productos de higiene. También debe invertir en mantas y ropas durables para obtener ayuda a superar las condiciones climáticas extremas, como fuertes nevadas, largos períodos de lluvia, y el calor. También, tomar un par de buenas botas de montaña y zapatos para correr, mientras que usted está en él, puede ser que también prepara los que ahora.

- **Los dispositivos de comunicación.** Usted será afortunado si los teléfonos y el Internet se pueden seguir utilizando en el momento en que la economía se derrumba. Pero, es más probable lo contrario. Si es así, una radio va a hacer para mantenerte informado de las condiciones de exterior. Una radio-transmisor de mano o un walkie-talkie también serán de comunicación útil si alguna vez las líneas están abajo.

- **Armas de fuego y municiones.** Tener armas y municiones puede ser demasiado y demasiado drástico para usted, pero son necesarias. Aunque existe la posibilidad de que un colapso económico no será tan malo como parece y hay una posibilidad de que las armas no será necesario, no le hará daño a estar preparado. Por ejemplo, si por casualidad, otras personas sepan que tienen una reserva de alimentos, agua y recursos preciosos cuando no tienen ninguna, puede ser un objetivo de los vecinos hambrientos, ladrones, delincuentes y otras personas. Ellos, por supuesto, también quieren sobrevivir tanto como usted lo hace. Aunque es posible que temer el pensamiento de otras personas que te ataque, es una gran posibilidad de un colapso económico. Cuando esto sucede, usted tiene que ser capaz de proteger a usted y su familia y asegurar su supervivencia. Le sugiero que comience engrasar sus armas y recoger municiones como todo lo que pueda.

- **Un vehículo de la partida.** Usted puede preguntarse, "¿Por qué necesitaría un vehículo escapada para?" No, el colapso económico no es un apocalipsis zombie, pero cuando las cosas toman un giro para lo peor y el colapso de la sociedad sigue al colapso financiero, tener su propio vehículo podría ser su posibilidad de escapar a un país más estable o de la ciudad. Es lo mismo que asegurar sus pasaportes en su vehículo y algo de comida también. En caso de escape no es necesario, tener su propio coche será útil para conseguir más recursos y hacer viajes importantes. Velar por que su coche siempre tiene un tanque lleno y de que tiene la gasolina y el diesel extra. Además, asegúrese de que usted mantenga regularmente su vehículo y que está en una condición adecuada o puede que no llegarán a ninguna parte.

Capítulo 4

Efectivo Economía gratuito

Debido a que su valor ha disminuido rápidamente en los años, que pronto se convertirá en imposible sobrevivir si lo único que te aferras a es su riqueza monetaria. Sin embargo, a pesar de que las sociedades ancestrales han logrado realizar transacciones sin efectivo antes, volviendo a una economía de efectivo libre no será tan sencillo. Comercio y trueque es una útil saber hacer si quieres sobrevivir en una economía libre de efectivo, aunque esto puede ser un poco difícil al principio porque nos hemos acostumbrado a usar el dinero y nuestras ideas de lo que es verdaderamente importante y útil hemos cambiado. Entonces sería muy difícil ponerse de acuerdo sobre un bien, que sería tan valioso como el que algo quiere tener. En palabras simples, sería más difícil hacer que la gente satisfecha con un intercambio. Sin embargo, para ayudarle a lidiar con esto, usted puede aprender sobre las cosas que usted puede invertir en y maneras de cómo trueque.

Cosas pena invertir en

Ahora que el dinero todavía tiene algún valor, puede ser que también lo utilizan para cosas que pueda necesitar cuando la economía se derrumba. Las cosas mencionadas anteriormente que usted necesita para almacenar tienen que ver con las cosas sugeridas aquí.

- **Metales preciosos.** Cuando falla el papel moneda, la

sociedad sin duda volveremos a la época en que el comercio de bienes a través de los metales preciosos. Mientras que los precios del oro y la plata siguen siendo bajos, usted invierte mejor en ellos ahora y nunca te arrepentirás cuando puedas comprar leche y pan con su plata y oro en el futuro.

- **Monedas.** Nunca minimizar la importancia de las monedas sólo porque tienen poco valor para usted ahora. Cuando la libra se deprecia a la nada, que se convertirá en un papel impreso y nada más. Sin embargo, todavía se puede comprar con las monedas, ya que las monedas también se componen de metales, que se pueden fundir y forjaron a algo que la gente puede utilizar. Usted debe comenzar la búsqueda de los frascos de monedas transmitido a usted por su padre o buscar sus maletas para cambios olvidados. Manténgalos en un lugar más seguro y ahorrar para el futuro.

- **Alimentos.** Que sea un jardín con verduras, un gallinero con gallinas, un estanque con peces, o una habitación llena de productos secos, invertir en cualquier cosa que se le puede dar acceso a los alimentos. Tener comida será su mayor ventaja, ya que es la más básica de las necesidades humanas. Las personas pueden perder el gusto por los metales preciosos, pero la gente nunca va a perder el gusto por la comida. La comida también puede ser un producto muy bueno para el comercio.

¿Cómo de permuta

El oro es un símbolo de la civilización y el comercio. Nuestros antepasados han estado utilizando el oro durante cientos de años a pie por el dinero que hoy usamos. Pero cuando las civilizaciones y los oficios se descomponen, lo único que queda por hacer es el trueque. El trueque es el intercambio de bienes y servicios directamente sin el uso de cualquier moneda. En tiempos como un colapso económico, el trueque es muy útil, ya que garantiza el flujo de artículos necesarios en el hogar sin necesidad de utilizar dinero. Por ejemplo, un hombre con una vaca tal vez le dará un poco de leche a cambio del pan que al horno, o se puede canjear un galón de agua por un paquete de productos enlatados.

En una economía difícil, usted tendrá que aprender de permuta. Estos son algunos consejos que puede utilizar mientras el trueque:

- **Conocer el valor del elemento que va a trueque.** Usted debe saber lo que su artículo es la pena antes de que el trueque. Una cosa no tiene necesariamente que ser inútil para usted para que usted pueda trueque él. También puede significar que usted tiene un exceso de oferta del recurso o se necesita algo, que ocupa una mayor importancia. Usted debe estar dispuesto a dar un elemento para ser capaz de conseguir otro, lo que es más importante para ti.

- **Sabe lo que quiere.** Usted no quiere perder lo que se tiene por las cosas que no se necesitan o cosas que no valen el producto que está dispuesto a dar, así que tienes que decidir sobre los recursos que realmente quieres conseguir. Si quieres un pan dulce de pan, no se conforme con un rollo mohosa sólo porque la persona en el otro extremo de la transacción cree que eso es lo que su artículo es digno. Si usted realmente sabe el verdadero valor de su artículo y que vale la pena incluso dos panes frescos de pan, defender su posición y ser firme. Muy pronto, esa persona va a ceder. Además, él / ella no iniciar un acuerdo con usted si él / ella no también necesitan lo que usted está dispuesto a ofrecer.

- **Sé estoica.** Cuando el comerciante ve que son mal interesado en el objeto que ofrece, es probable, que exigiría más por ello. Usted debe actuar casual y impasible y tratar de no parecer muy interesado en hacer el trato.

- **No traiga otros objetos de valor.** Si usted no tiene intención de trueque ellos, no llevarlos o te vas a arrepentir cambiarlas por cosas que no necesita el uso de esos pocos objetos de valor.

- **No tenga miedo de hacer preguntas.** Es posible que desee preguntarle cómo se utilizan sus linternas solares, si todavía está en buen estado, o el tiempo que se ha utilizado. Nunca tengas miedo de hacer estas preguntas para que no terminen con un mal trueque.

- **Pon a prueba los artículos para asegurarse de que funcionan.** Antes de terminar la transacción, pruebe el artículo primero frente a la persona que está transacciones con. Si funciona bien, ambos pueden llamarlo un acuerdo final. Pero, si el artículo no está trabajando, entonces usted todavía tiene la oportunidad de cancelar. Esto también usted y su socio comercial dará la oportunidad de aprender más acerca de los productos que usted tanto desea conseguir.

Conclusión

¡Enhorabuena! Ahora ha llegado a la última página de este libro electrónico, "La muerte del dinero"

Por esta vez, espero que tengas un entendimiento de colapso económico y la comprensión del sistema económico y los problemas actuales de la economía se enfrenta. También ha aprendido acerca de las cosas que debe hacer para fortalecer su posición actual, las habilidades valiosas que usted necesita para dominar y preparar, y otros conocimientos importantes para ayudarle a iniciar su Prepping.

El futuro puede parecer sombrío justo ahora y la idea de caos cuando un colapso económico que vendrá es muy preocupante, pero no es una razón para entrar en pánico. De hecho, este es el momento adecuado para hacer una pausa, pensar y prepararse. Al leer este libro, usted ya tiene la ventaja de la preparación, el arma definitiva de la supervivencia en tiempos de crisis.

Y así, espero que este libro le ha enseñado muchas cosas sobre cómo prepararse para un futuro colapso económico. Gracias y felicidades de nuevo por la descarga de este libro!

www.ingramcontent.com/pod-product-compliance
Lightning Source LLC
Chambersburg PA
CBHW060349290526
45791CB00004B/1605